BEI GRIN MACHT SICH IHR WISSEN BEZAHLT

- Wir veröffentlichen Ihre Hausarbeit, Bachelor- und Masterarbeit

- Ihr eigenes eBook und Buch - weltweit in allen wichtigen Shops

- Verdienen Sie an jedem Verkauf

Jetzt bei www.GRIN.com hochladen und kostenlos publizieren

Prävention und Gesundheitsförderung bei Hautkrebs und durch Führungskräfte. Umweltschutz bezüglich Verkehrsmittelnutzung

Präventionskampagnen

Bibliografische Information der Deutschen Nationalbibliothek:

Die Deutsche Nationalbibliothek verzeichnet diese Publikation in der Deutschen Nationalbibliografie; detaillierte bibliografische Daten sind im Internet über http://dnb.d-nb.de abrufbar.

ISBN: 9783346927521
Dieses Buch ist auch als E-Book erhältlich.

Druck und Bindung: Books on Demand GmbH, Norderstedt Germany
Gedruckt auf säurefreiem Papier aus verantwortungsvollen Quellen

Das vorliegende Werk wurde sorgfältig erarbeitet. Dennoch übernehmen Autoren und Verlag für die Richtigkeit von Angaben, Hinweisen, Links und Ratschlägen sowie eventuelle Druckfehler keine Haftung.

Das Buch bei GRIN: https://www.grin.com/document/1383222

Einsendeaufgaben

Aufgabennummer:
Alternative C

SRH Fernhochschule

Modul:
Gesundheits- und Umweltpsychologie

Studiengang:
Psychologie M.Sc.

Inhaltsverzeichnis

1. Prävention & Gesundheitsförderung bei Hautkrebs

1.1. Ursachen von Hautkrebs

Hautkrebs tritt in verschiedenen Formen auf. In dieser Arbeit wurde sich insbesondere auf Melanome und Basaliome bezogen. Neben diesen beiden Arten gibt es auch Plattenepithel-Karzinome, welche an allen Stellen der Haut auftreten, insbesondere an denen, die der Sonne ausgesetzt sind. Da diese Krebsart erst im späten Krankheitsstadium zur Metastasenbildung in benachbarten Lymphknoten neigt, sind die Erfolgsaussichten bei rechtzeitiger Therapie sehr gut. Maligne Melanome werden auch als schwarzer Hautkrebs bezeichnet, Basaliome als weißer Hautkrebs, da diese sich farblich kaum von der Haut absetzen. Schwarzer Hautkrebs entsteht im Gegensatz zum hellen Hautkrebs in den pigmentbildenden Zellen der Oberhaut und kann schnell Metastasen ausbilden. Der helle Hautkrebs hingegen stellt die weltweit häufigste Hautkrebsart bei Menschen heller Hautfarbe zwischen 40 und 79 Jahren dar (Diepgen & Mahler, 2002; Fears, Scotto & Schneidermann, 1977; Miller, 1995). Dieser tritt vor allem an Kopfpartien auf, dringt nicht tief in die Haut ein und bildet keine Metastasen, wodurch dieser in den meisten Fällen bei rechtzeitiger Diagnose und Behandlung heilbar ist.

Durch Aktivitäten im Freien steigt das Risiko, gesundheitliche Beeinträchtigungen zu erleiden und an Hautkrebs zu erkranken (Schmitt, Seidler, Diepgen & Bauer, 2011). Dies wird auf solare *ultraviolette Strahlung* zurückgeführt, welche ein wissenschaftlich belegtes Kanzerogen ist, wie die Internationale Agentur für Krebsforschung (World Health Organization, International Agency for Research on Cancer) bereits 1992 veröffentlicht hat. Unter anderem wurde von El Ghissassi et al. (2009) die Wirkungsweise näher erläutert: UV-Strahlung wird in den Hautzellen des Menschen absorbiert und kann dort schon in geringer Dosis Schäden am Erbgut bewirken. In der Regel beseitigen Reparatursysteme in den Zellen diese DNA-Schädigungen. Häufige, langanhaltende und intensive UV-Bestrahlungen sowie Sonnenbrände führen jedoch zu einer Überlastung dieser Reparatursysteme. Zellen mit derart geschädigter DNS werden somit nur noch unvollständig oder fehlerhaft repariert und können folglich zu Krebszellen entarten. Die Internationale Agentur für Krebsforschung (International Agency for Research on Cancer) stufte 2007 neben der natürlich vorkommenden UV-Strahlung der Sonne ebenfalls die künstliche UV-Strahlung in Solarien in die höchste Risikogruppe 1 „krebserregend für den Menschen" ein.

UV-Strahlung wird zwar als wichtigster bekannter Risikofaktor für die Entstehung der verschiedenen Hautkrebsarten angesehen, ist jedoch nicht der alleinige Grund für deren Auftreten. Auch andere *Umwelt-* und *genetische Faktoren* können die Entwicklung dieser Krebserkrankungen begünstigen. In den 90er Jahren wurde festgestellt, dass folgende Menschengruppen eine höhere Inzidenz von Hautkrebserkrankungen zeigen: Menschen mit blonden und roten Haaren, mit schlechtem Bräunungsvermögen, mit einer schnellen Hautrötungsreaktion bei Sonneneinstrahlung, mit blauer oder grüner Augenfarbe sowie mit Sommersprossen (Armstrong & Kricker, 1995; Zanetti et al., 1996). Das erhöhte Hautkrebs-Erkrankungsrisiko betrifft auch Personen, deren Immunsystem aufgrund einer Organtransplantation (Terhorst, Drecoll, Stockfleth & Ulrich, 2009) oder einer HIV-Infektion (Honda, 2006) geschwächt ist. Bei hellem Hautkrebs kommen als Risikofaktoren noch seltene Erbkrankheiten wie Albinismus (Marçon & Maia, 2019) oder Xeroderma pigmentosum, einem DNS-Reparaturenzym-defekt hinzu (Steeg & Kraemer, 1999). Bei schwarzem Hautkrebs erhöhen Sonnenbrände bis zum 19. Lebensjahr sowie eine gehäufte Anzahl an großen Muttermalen die Inzidenz (Garbe, 1995). Der Zusammenhang von heller Hautfarbe bis hin zum Albinismus und einem hohen Hautkrebsrisiko lässt sich durch den Melanin-Anteil in der Haut erklären. Abbas, Qadir und Anwar (2019) stellten fest, je melanin-haltiger und damit dunkler die Haut von Natur aus ist, desto besser ist sie gegen UV-Strahlen geschützt. Dies erklärten sie folgendermaßen: Im unteren Teil der Epidermis der Haut liegen die pigmentbildenden Melanozyten, die den Farbstoff Melanin herstellen, der sich dann in der Hornhaut und in den Haaren einlagert und damit den Haut- und Haartyp prägt. Bei dunklerer Haut können UV-Strahlen schwerer in tiefere Hautschichten vordringen, damit die DNS in den Zellen beschädigen und bösartige Wucherungen hervorrufen.

Zuletzt sollten bestimmte *Risikoallele* erwähnt werden, welche häufig in Assoziation mit Melanombildung stehen. Bis heute wurden folgende Melanom-Empfindlichkeitsgene identifiziert und mehrfach bestätigt: Der Cyclin-abhängige Kinase-Inhibitor CDKN2A auf Chromosom 9p21 und die Cyclin-abhängige Kinase CDK4 auf Chromosom 12q13 gelten als Hochrisiko-Allele (Fargnoli, Argenziano, Zalaudek & Peris, 2006; Udayakumar, Mahato, Gabree, & Tsao, 2010). Es wurden zudem bestimmte Varianten des MC1R-Gens identifiziert, die eine mäßige Melanomassoziation zeigen (Guida, Guida, & Goding, 2022). Curtin et al. (2005) zeigten, dass bei 81 % der Melanome ohne chronische sonneninduzierte Schädigung Mutationen in BRAF oder N-RAS festgestellt wurden. Des Weiteren sind viele widersprüchliche Daten zu anderen potenziellen Genen mit niedrigem oder moderatem Risiko für Melanomentstehung zu finden, die Proteine kodieren, an der Pigmentierung, der Zelldifferenzierung, dem Zellwachstum, der DNA-Reparatur oder der Entgiftung von Stoffwechselzwischen-produkten beteiligt sind.

1.2. Kampagnen für Sonnenschutzverhalten

1.2.1. psychologische Modelle des Gesundheitsverhaltens

Im vorigen Kapitel wurde ausreichend dargelegt wie vor allem UV-Strahlung das Risiko einer Hautkrebserkrankung drastisch erhöhen kann. Sonnenschutzverhalten sollte somit von größter Wichtigkeit sein. Die logische Konsequenz für unser Gesundheitsverhalten liegt darin, geeignete Sonnenschutzcremes oder Kleidung zu verwenden, möglichst auf Sonnenexposition zu verzichten und zusätzlich die Haut regelmäßig inspizieren zu lassen, um mögliche Auffälligkeiten rechtzeitig untersuchen zu können (Eid, 2003)

Um dieses Gesundheitsverhalten zu fördern, sind Kampagnen zu protektiverem Verhalten nützlich. Passende psychologische Modelle des Gesundheitsverhaltens helfen dabei, die Effektivität und damit die Wirksamkeit solcher Kampagnen zu steigern. Sonnenschutzverhalten ist hierbei nur ein geringer Bestandteil von allgemeinen Gesundheitsverhaltensweisen. Diese sind laut Definition von Reuter und Schwarzer (2009) Handlungen, die nach derzeitigem Stand des Fachwissens den Gesundheits- zustand aufrechterhalten, ihn verbessern oder einer Verschlechterung dessen entgegenwirken. Welches psychologische Modell des Gesundheitsverhaltens am geeignetsten für eine Kampagne zu Sonnenschutzverhalten ist, wird in den kommenden Absätzen grob erläutert.

Diese Modelle lassen sich in drei Klassen einteilen (Knoll, Scholz & Rieckmann, 2017; Schwarzer, 2004): kontinuierliche Prädiktionsmodelle, dynamische Stadien- modelle und integrative Modelle. Die *kontinuierlichen Prädiktionsmodelle* gehen von bestimmten Prädiktoren für ein bestimmtes Gesundheitsverhalten aus. In diesem Fall könnten Prädiktoren beispielsweise Risikowahrnehmung durch UV-Strahlung, Selbstwirksamkeitserwartungen und soziokulturelle Faktoren sein. Jeder dieser Prädiktoren erhält ein bestimmtes Gewicht, das zur Vorhersage des Sonnenschutzverhaltens dient (Schwarzer, 2004). Kontinuierliche Prädiktionsmodelle gehen jedoch nicht auf die individuellen Faktoren des Einzelnen ein oder erklären, wie Verhaltensintention in konkretes Verhalten umgesetzt wird.

Die *dynamischen Stadienmodelle* ordnen Personen qualitativ unterschiedlichen Stadien bzw. Phasen zu, welche je eine Stufe des Prozesses während einer Gesundheitsverhaltensänderung darstellen (Schwarzer, 2004). So wird in diesem Fall davon ausgegangen, dass sich Menschen ohne die Absicht, das Sonnenbaden aufgeben zu wollen, grundsätzlich von solchen unterscheiden lassen, die diese Absicht gebildet, aber es noch nicht umgesetzt haben. Letztere wiederum lassen sich von denen unterscheiden, die es zwar schon oft versucht haben, sich jedoch aufgrund fehlenden Wissens, fehlenden Bewusstseins oder durch Gruppenzwang erneut oder immer noch zu exzessiv UV-Strahlung aussetzen. Die Grundannahme ist also, dass zwischen Personen, die sich in verschiedenen Stufen befinden, ein psychologischer Unterschied besteht. Wodurch es auf jeder Stufe ein anderes Prädiktionsmodell und somit eine passendere Intervention gibt. Knoll, Scholz und Rieckmann (2017) merken jedoch an, dass die Anzahl, Abgrenzbarkeit und somit Sinnhaftigkeit dieser Stufen empirisch nicht nachgewiesen wurde.

Eins der aktuellsten Modelle ist das *Sozial-kognitive Prozessmodell gesundheitlichen Handelns* (Health Action Process Approah, HAPA; Schwarzer, 1992), welches die wichtigsten Annahmen der Prädiktions- und Stadienmodelle in einem integrativen Ansatz vereint. Das HAPA bietet somit die meisten Ansatzpunkte für eine theoriegeleitete Förderung des Sonnenschutzverhaltens und soll im folgenden Kapitel zur Kampagnenentwicklung berücksichtigt werden.

1.2.2. konkrete Kampagnenbeispiele

Zuerst müssen die *Beweggründe* erkannt werden, warum sich Menschen regelmäßig ungeschützt der Sonne aussetzen. Schwarzer (2004) stellt plausible Vermutungen an: Gebräunte Haut wirkt gesund und attraktiv, blasse Haut kränklich. Eid und Mallach (2009) erkannten, dass insbesondere Personen die sehr viel Wert auf ihr äußeres Erscheinungsbild legen und Angst davor haben, von anderen negativ bewertet zu werden, sehr stark zum Sonnenbaden neigen. U.a. in Deutschland steht gebräunte Haut als Statussymbol für Reichtum. Denn nur wer genügend Geld und Zeit hat, kann sich einen ausgedehnten Urlaub in sonnigen südlichen Ländern leisten. Zudem bekräftigten die Anfänge der Heliotherapie die Annahme, dass Sonnenstrahlen einen positiven Einfluss auf bestimmte Erkrankungen wie z.B. Tuberkulose haben (Keesling & Friedman, 1987). Dass Sonnenstrahlen bei Depressionen helfen können, die Vitamin-D-Produktion des eigenen Körpers begünstigen und bei den meisten Menschen stimmungsaufhellend und entspannend wirken, ist durchaus bewiesen (van der Rhee, de Vries & Coebergh, 2007; Tao et al., 2020), muss jedoch mit dem Hautkrebsrisiko abgewogen werden. Erhebungsergebnisse aus 2017 (Schneider et al.) zeigen, dass als wesentliche Gründe für Solariennutzung das „Vorbräunen" für den Urlaub sowie die Steigerung der Attraktivität genannt werden. Somit führen moderne Schönheitsideale, Uninformiertheit, Irrglaube und der Wunsch nach Anerkennung zu einer Art

Sonnenanbeter-Kultur in der Bevölkerung. Aufklärung allein kann also nur der Ausgangspunkt für wirksame Kampagnen sein (Keesling & Friedman, 1987).

Soll nun mit Hilfe des HAPA-Modells eine Kampagne entwickelt werden, muss das Vorankommen des Individuums in den jeweiligen Phasen unterstützt werden. Schwarzer (2014), Lippke und Renneberg (2006) beginnen mit der *präintentionalen Phase*. In dieser Phase hat die jeweilige Person noch keine Absicht entwickelt, ihr Verhalten zu ändern.

Somit muss die Zielperson zunächst motiviert werden, ein neues Verhalten wie hier das Sonnenschutzverhalten anstreben zu wollen, beispielsweise mittels einer *Risikowahrnehmung*. Dies kann durch Aufklärung über Hautkrebsursachen (siehe Kapitel 1.1.) erreicht werden. Die Person sollte dadurch zu einer subjektiven Wahrnehmung der Bedrohung kommen sowie dem Gefühl, dass sie selbst, ihre Kinder oder Angehörige verwundbar sind. Insbesondere bei Personen, die durch Sonnenbäder ihre Attraktivität steigern wollen, ist das Aufklären über Hautalterungsfolgen und Faltenbildung effektiv (Rinnerthaler, 2018). Der Sun-Scanner, Sofortbilder von Haut-schädigungen und Hautmikrotopografie können dabei unterstützen (Rossi, Blais & Weinstock, 1994). Des Weiteren muss erwähnt werden, dass UV-Strahlung zu Schädigungen des Auges und Beeinträchtigung der Sehkraft führen kann (Mampel & Franke, 1990). Zuletzt wäre eine Visualisierung der UV-Bestrahlungsstärke in der Öffentlichkeit wie in Parks, Freibädern oder auf Veranstaltungen im Freien zweckdienlich. Folge der Risikowahrnehmung kann das Ausloten von Handlungs-optionen mit deren möglichen negativen und positiven Konsequenzen sein. Dies wird auch als *Handlungsergebniserwartung* bezeichnet. Hierbei müssen eine oder besser mehrere Verhaltensalternativen bekannt sein bzw. durch die Kampagne vermittelt werden, die geeignet sind, die wahrgenommene Bedrohung zu reduzieren. Des Weiteren spielt *Selbstwirksamkeitserwartung* in allen Stadien des HAPAs eine wesentliche Rolle. Diese bezeichnet eine subjektive Überzeugung, spezifische Verhaltensweisen aufgrund der eigenen Kompetenz ausführen zu können, welche insbesondere in neuen Situationen, die unvorhersehbare, schwierige oder stressreiche Elemente enthalten wie das Ablegen und Umstellen von Gewohnheiten, wichtig wird. Sonnenschutzverhalten in den Alltag zu integrieren und zu einer stabilen Gewohnheit werden zu lassen, bedarf je nach Ausgangspunkt hoher Selbstwirksamkeitserwartung. Sind diese drei Faktoren in ausreichendem Maße gegeben, kommt es zur Zielsetzung.

Die darauffolgende *postintentionale Phase* wird in drei weitere Phasen unterteilt: präaktionalen, aktionalen und postaktionale Phase (Schwarzer, 2004). In der *präaktionalen Phase* ist der wichtigste Faktor die *Handlungsplanung*. Für die Kampagne ist hierbei entscheidend, dass die Handlungsabsicht so konkret wie möglich definiert wird. Dabei wird das Wann, Wo und Wie der Handlung festgelegt, wobei eine ganze Reihe alternativer Ausführungsideen generiert werden kann. In Bezug auf das Sonnenschutzverhalten wurden von Eid und Mallach (2009) spezifische Vorschläge erstellt: Generelles Meiden der Sonne, vor allem in den Zeiten der intensivsten Sonneneinstrahlung zwischen 10 und 16 Uhr, Tragen einer Sonnenbrille, eines Hutes, schützender Kleidung sowie Verwendung von Sonnenschutzmitteln bei Aktivitäten im Freien. Eine verhaltensorientierte Aufklärung wie z.B. durch Flyer, Filme und Unterrichtsprogramme bereits in Vor- und Grundschulen über derartige Schutz-maßnahmen, deren Anwendung und Effektivität sollte in dieser Phase erfolgen.

Personen in der *aktionalen Phase* betreiben aktives Sonnenschutzverhalten. Hierbei geht es um das Ausführen von Handlungen. Um diese aufrechtzuerhalten, bedarf es einer ständigen Kontrolle z.B. durch Selbstbeobachtung. Dabei ist eine ständige Aufmerksamkeits- und Emotionsregulation vonnöten (Kuhl, 1996) sowie kognitive Abschirm- und Durchhaltestrategien (Schwarzer, 2004). Ebenso wichtig ist hierbei die Selbstwirksamkeitserwartung, da Personen mit Zweifeln an der eigenen Kompetenz erfolglose Szenarien erwarten, sich stärker wegen eigener Unzulänglichkeiten sorgen und somit tendenziell früher aufgeben (Schwarzer, 2004). Diese Strategien sind so lange nötig, bis das Sonnenschutzverhalten habituell ist. Dieser Prozess kann durch Kampagnen unterstützt werden, indem Barrieren abgebaut, Ressourcen dargeboten und auf vorhandene hingewiesen wird. Eine solche Ressource kann u.a. soziale Unterstützung sein. Hierbei können insbesondere verhältnisorientierte Maßnahmen unterstützen z.B. durch die Einrichtung von UV-reduzierenden Schattenplätzen mit Hilfe von Bepflanzungen oder dem Aufspannen geeigneter Sonnensegel sowie Arbeitsprozessoptimierungen bei Berufen im Freien.

In der *postaktionalen Phase* werden Handlungen bewertet sowie Erfolge und Misserfolge wahrgenommen und interpretiert (Schwarzer, 2004): Bei einem Übermaß an Misserfolgen kommt es zu einer Zielentbindung, ohne die Absicht, das Ziel wiederaufzunehmen. Dies kann auch dazu führen, dass die zukünftige Volition und die Selbstwirksamkeits-erwartung sinken. Rückfallinterventionskampagnen sind in dieser Phase somit entscheidend, um Rückfälle in ein Risikoverhalten zu vermeiden bzw. zu überwinden.

Der Aufbau von Sonnenschutzverhalten mittels Kampagnen zählt zur primären Prävention. Da jedoch eine zu späte Hautkrebsdiagnose ein hohes Mortalitätsrisiko birgt, ist auch die sekundäre Prävention von großer Relevanz beispielsweise durch regelmäßige Vorsorgeuntersuchungen bei einem Hautarzt.

2. Prävention & Gesundheitsförderung durch Führungskräfte

2.1. Job-Demands-Ressources-Modell

2.1.1. allgemeine Definition & lineare Wirkmechanismen

Ein gutes arbeitspsychologisches Modell muss positive sowie negative Konsequenzen von Arbeit auf das Individuum und somit auf die Organisation als Ganzes berücksichtigen. Des Weiteren muss die Komplexität sowie Diversität der Prozesse, Auswirkungen und Bedingungen von Arbeit berücksichtigt werden und dennoch flexibel für verschiedene Branchen und deren spezifischen Gegebenheiten anwendbar sein. Diesem Anspruch widmet sich das Job-Demands-Resources Modell (JDR-Modell) von Bakker und Demerouti (2007) und dient der Erklärung von Anforderungen sowie Ressourcen im Arbeitskontext und deren Effekte. Im JDR-Modell werden Arbeits-anforderungen als diejenigen sozialen, psychischen, physischen oder organisationalen Aspekte der Arbeit definiert, die andauernder psychischer oder physischer Anstrengung bedürfen und deshalb psychologische oder physiologische Kosten nach sich ziehen (Bakker, Demerouti, Boer & Schaufeli, 2003). Dagegen werden Arbeitsressourcen als diejenigen psychischen, physischen, organisationalen oder sozialen Aspekte der Arbeit beschrieben, die bei der Bewältigung von Arbeitszielen, -anforderungen sowie den damit verbundenen physiologischen und psychischen Kosten helfen oder als Stimulanz persönlicher Entwicklung und Lernens dienen (Granziera, Collie & Martin, 2020; Halbesleben & Buckley, 2004).

Nach Bakker und Demerouti (2007) werden die Effekte der Arbeitsanforderungen und -ressourcen in Form von Beanspruchung beziehungsweise Engagement anhand zweier unterschiedlicher psychologischer Prozesse erklärt: Einem motivierenden und einem gesundheitsbeeinträchtigenden Prozess. *Arbeitsanforderungen* sind z.B. Zeitdruck, ungünstiges Arbeitsklima, Rollenkonflikte, organisationaler und emotionaler Druck, Schichtarbeit oder ein hohes Arbeitspensum, welche das Wohlbefinden der Arbeitnehmer im Sinne von Erschöpfung, verringerter Schlafqualität sowie Arbeitszufriedenheit beeinflussen können (Granziera, Collie & Martin, 2020; Halbesleben & Buckley, 2004). Arbeitsanforderungen können über den gesundheits-beeinträchtigenden Prozess nicht nur zu Beanspruchung, sondern im weiteren Verlauf auch zu Burnout führen (Bakker & Vries, 2021). *Arbeitsressourcen* wie Autonomie, positives Feedback von Vorgesetzten und soziale Unterstützung wirken über den motivationalen Prozess positiv auf die Arbeitszufriedenheit, Produktivität und Innovativität der Arbeitnehmer (Lee, Choi & Kang, 2021; Wang & Lei, 2021).

2.1.2. Interaktionseffekte

Im JDR-Modell wird angenommen, dass Anforderungen und Ressourcen nicht nur eigenständige Effekte auf Gesundheit und Motivation haben, sondern darüber hinaus miteinander interagieren (Schmidt, 2017). Die sogenannte *Puffer-Hypothese* besagt, dass Arbeitsressourcen wie Handlungsfreiheit, die negativen Auswirkungen der belastenden Arbeitsanforderungen abfedern können (Karasek & Theorell, 1990). Beispielsweise können Ressourcen wie Lohn, Arbeitsplatzsicherheit oder Beförderungschancen den negativen Einfluss von Arbeitsanforderungen im Sinne von Beanspruchung und Aufwand puffern (Bakker, Demerouti & Euwema, 2005). Der jeweilige Effekt einer Arbeitsressource oder -anforderung hängt hierbei von der Art der Branche, des Berufes, der Organisation und weiterer jobspezifischer Indikatoren ab (Demerouti & Nachreiner, 2019). Soziale Unterstützung als Arbeitsressource kann z.B. negative Auswirkungen von Arbeitsanforderungen wie hohe Diffizilität von Aufgaben oder hohe Arbeitsnormen mildern, da durch kollegiale Unterstützung Herangehensweisen und Informationen ausgetauscht werden und somit besser mit Arbeitsanforderungen umgegangen werden kann (Bakker, Demerouti & Euwema, 2005).

Ein weiterer Interaktionseffekt von Arbeitsressourcen und –anforderungen ist die *Coping-Hypothese*. So konnten Bakker und Demerouti (2007) feststellen, dass die positiven Folgen der Arbeitsressourcen auf die Motivation stärker bei hohen Arbeitsanforderungen wirken als bei geringeren. Im Umkehrschluss spielen Arbeitsressourcen für Personen, die mit einem niedrigeren Ausmaß an Arbeitsanforderungen konfrontiert sind, eine vergleichsweise unbedeutendere Rolle. Erklärt wird dieser Zusammenhang durch die Theorie der Ressourcenerhaltung von Hobfoll (2001). Eine fundamentale Prämisse dieser Theorie ist, dass allein das Wissen um potenziellen zukünftigen Stress die Menschen dazu motiviert, sich gegen diesen Stress zu rüsten. Indem sich vermehrt auf Ressourcenerhalt und –gewinn konzentriert wird, kann möglicher Stress, verursacht durch erhöhte Arbeitsanforderungen, kompensiert werden.

2.1.3. Organisationale Folgen

Je nach Verteilung von Arbeitsanforderungen und –ressourcen kann das gesamte Team einen mehr oder weniger hohen Beitrag zum Erfolg der Organisation leisten. Eine Studie von Bakker, van Veldhoven und Xanthopoulou (2010) bestätigte die Coping-Hypothese anhand einer Vielzahl von Arbeitsanforderungen und Arbeitsressourcen. Hohe Arbeitsanforderungen ermöglichten dem Individuum, die verfügbaren

Arbeitsressourcen voll auszuschöpfen, was sich nicht nur in erhöhtem Arbeitsengagement bzw. erhöhter Motivation zeigte, sondern auch in einer stärkeren Verbundenheit zur Organisation und Arbeitszufriedenheit. Dies kann wiederum einen positiven Einfluss auf Produktivität und Kundenzufriedenheit haben. Arbeitsengagement ist demnach für die Organisation von großer Bedeutung, da Arbeitnehmer so auch in schwierigen Zeiten persistent bleiben, Leistung bringen und an ihrem Job festhalten (Tims, Bakker & Derks, 2015). Beim Arbeitsengagement handelt es sich um einen länger andauernden affektiv-kognitiven Zustand, der sich in Vitalität, Hingabe und Absorption in die Arbeit kennzeichnet (Demerouti & Nachreiner, 2019; Wood, Oh, Park & Kim, 2020): Vitalität bedeutet ein hohes Energielevel, die Bereitschaft in die Arbeit zu investieren sowie eine hohe Resilienz bei beruflichen Schwierigkeiten. Absorption in die Arbeit bedeutet volle Konzentration und Vertiefung in die berufliche Tätigkeit mit einem Verlust des Zeit-gefühls. Bei der Hingabe, handelt es sich um einen Zustand hoher geistiger Eingebun-denheit in die Tätigkeit, zusätzlich zu einer positiv herausfordernden, enthusiastischen Wahrnehmung des Jobs. Hohe Arbeitsanforderungen sind somit nicht per se negativ.

Sie können jedoch in Form der Beanspruchung negative Folgen haben, welche eine „unmittelbare Auswirkung der psychischen Belastung im Individuum in Abhängigkeit von seinen jeweiligen überdauernden und augenblicklichen Voraussetzungen, einschließlich individueller Bewältigungsstrategien" (ISO 10075-1, 2000) ist. Skaalvik und Skaalvik (2018) stellten in einer Studie mit norwegischen Lehrkräften fest, dass die Arbeitsanforderungen wie Zeitdruck, mangelnde Disziplin und niedrige Motivation seitens der Schüler bei den Lehrern zu emotionaler Erschöpfung, depressiven Verstimmungen und psychosomatischen Reaktionen führten. Hingegen wirkten sich die Arbeitsressourcen wie Hilfsbereitschaft und gute Beziehungen innerhalb der Kollegenschaft sowie übereinstimmende Ziele, Werte und Praktiken zwischen der Führungsebene der Schule und den Lehrkräften positiv auf den psychischen Gesundheitszustand der Lehrkräfte aus (Skaalvik & Skaalvik, 2018).

2.2. Handlungsspielraum von Führungskräften

2.2.1. Möglichkeiten

Da insbesondere Führungskräfte die Macht besitzen Arbeitsanforderungen zu formen sowie Ressourcen bereitzustellen, können sie einen großen Einfluss auf die psychische Gesundheit sowie die Motivation ihrer Mitarbeiter und Mitarbeiterinnen nehmen und somit auch auf die sich nachziehenden organisationalen Folgen. Eine demotivierte, gesundheitlich beeinträchtigte Arbeitskraft wird nämlich seltener, aufgrund von möglichen Krankheitsfolgen sowie mit weniger Begeisterung und Erfolg am Arbeitsleben teilnehmen.

Arbeitsressourcen können am einfachsten durch Führungskräfte beeinflusst werden. Diese wirken als intrinsische Motivationsfaktoren, da sie die persönliche Entwicklung und das persönliche Lernen der Arbeitnehmenden fördern und somit menschliche Grundbedürfnisse nach Autonomie, Selbstwirksamkeit, oder Bindung befriedigen (Bakker, Demerouti, Boer & Schaufeli, 2003). Angemessen überbrachtes und vor allem positives Feedback durch die Führungskraft dient einem förderlichen Lernumfeld und erhöht die Kompetenzwahrnehmung. Räumt die Führungskraft den Arbeitnehmenden mehr Entscheidungsfreiheit ein, befriedigt dies das Bedürfnis nach Autonomie. So geht im beruflichen Kontext geringe Selbstbestimmung über die beruflichen Aufgaben und Rahmenbedingungen mit einer verringerten wahrgenommenen Sinnhaftigkeit, der Entfremdung von der eigenen Arbeit und folglich einer reduzierten Produktivität einher (Arefi, Rostami, Jahangirimehr & Babaei-Pouya, 2021; Kartal, 2018). Das Bedürfnis nach Bindung könnte mittels teambildender Maßnahmen gestillt werden, um gegenseitige Unterstützung und Respekt innerhalb des Kollegiums inkl. Führungskräfte zu verbessern. Statt intrinsisch können Arbeitsressourcen auch extrinsisch motivational wirken, da ein attraktives Arbeitsumfeld, das den Beschäftigten Ressourcen bietet, deren Bereitschaft erhöhen kann, sich unter vermehrtem Aufwand und mit hohem Engagement den Arbeitsaufgaben zu widmen. Somit werden Aufgaben wahrscheinlicher mit einer positiven Einstellung bewältigt. Mit diesen Mitteln können Führungskräfte die Zielerreichung der Organisation positiv bedingen (Bakker & Demerouti, 2007).

Des Weiteren sollten Führungskräfte Maßnahmen zur Stärkung der individuellen Ressourcen wie Resilienz-Trainings zur Stärkung der Frustrationstoleranz anbieten. Folgende Aspekte stärken zusätzlich die Arbeitsressourcen und somit die Motivation und Gesundheit der Arbeitenden: angemessene und regelmäßige Gehaltserhöhungen, was zu einem finanziellen Sicherheitsgefühl führt; Rollenklarheit, damit es nicht zu Rollenkonflikten innerhalb des Teams kommt; Lernmöglichkeiten in Form von Weiterbildungen, um Fähigkeiten und Wissen zu verbessern; ausreichend Urlaubstage oder Kuraufenthalte genehmigen, um Erholungsmöglichkeiten zu schaffen sowie soziale Ansprechpersonen bieten, um bei privaten Problemen wie psychischen Leiden, Schulden oder Suchtproblemen passende Hilfestellen empfohlen zu bekommen.

Die *Puffer-Hypothese* kann zudem genutzt werden, um den Erfolg der Organisation voranzutreiben. Um Arbeitsanforderungen wie ein hohes Arbeitspensum, emotionalen oder psychischen Druck aus einem anderen Blickwinkel zu betrachten, z.B.

den der Wertschätzung und Entwicklungsabsicht der Führungskraft, kann eine gute Angestellten-Vorgesetzten-Beziehung helfen (Bakker & Demerouti, 2007). Höhere Handlungsspielräume bieten den Arbeitnehmern nicht nur die Bedürfnisbefriedigung der Autonomie, sondern ebenfalls mehr Möglichkeiten, um mit hohen Arbeitsanforderungen förderlich umzugehen (Jong & Ford, 2021).

Auch die *Coping-Hypothese* kann genutzt werden, um die negativen Folgen von hohen Arbeitsanforderungen zu minimieren. Bakker und Demerouti (2007) beobachteten in einer Studie, dass Arbeitsressourcen wie Wertschätzung, Innovationsbereitschaft sowie Unterstützung durch die Führungskraft bei erhöhten Arbeitsanforderungen einen positiven Zusammenhang mit dem Arbeitsengagement der Beschäftigten vorweisen. Es wurde geschlussfolgert, dass die Arbeitsressourcen zur Stressbewältigung genutzt werden und sich somit positiv auf die psychische Gesundheit und Motivation auswirken.

Arbeitsanforderungen zu beeinflussen, um deren negative Folgen zu minimieren, ist durchaus eine schwierigere Aufgabe. Um den Leistungs- und Zeitdruck zu verringern, darf es nicht zu einer personellen Unterbesetzung kommen. Zudem könnte durch Restrukturierung bzw. stetige Optimierung von Teams und Arbeitsprozessen einer Erschöpfung entgegengewirkt werden. Weitere Maßnahmen wären z.B. auch Zeitmanagement-Kurse für Mitarbeitende zur Reduktion des Zeitdrucks.

2.2.2. Grenzen

Viele der bereits angeschnittenen Möglichkeiten sind in ihrer Umsetzung stark abhängig vom Budget der Organisation, da Weiterbildungen, Kurse, das Einstellen von Ansprechpersonen und zusätzlichem Personal sowie Gehaltserhöhungen erheblicher finanzieller Mittel bedürfen. Des Weiteren kann einer Unterbesetzung bei aktuellem Fachkräftemängel schwer entgegengewirkt werden. Insbesondere zu erwähnen sind private Belastungen, bereits bei Einstellung vorhandene psychische und physische Krankheiten, die nicht beeinflusst werden können. Ob Mitarbeiterinnen und Mitarbeiter sich die benötigte Erholung von der Arbeit z.B. in der Freizeit durch sportliche Betätigung oder gedankliche Distanzierung nehmen, kann ebenso wenig durch die Führungskräfte beeinflusst werden. Zudem beeinflusst auch die Persönlichkeit, wie mit hohen Arbeitsanforderungen und damit verbundenem Stress umgegangen wird. So führen proaktive und empathische Persönlichkeitszüge zu mehr nutzbringenden und zu weniger ungünstigen Selbstregulationsstrategien (Bakker & Vries, 2021). Auch können Führungskräfte nicht beeinflussen, wie stressig Arbeitsanforderungen wirken, da sich die subjektive Empfindung des Einzelnen individuell unterscheiden kann.

3. Umweltschutz bzgl. Verkehrsmittelnutzung

3.1. Das CADM von Klöckner & Blöbaum

3.1.1. Grundannahmen

Das Comprehensive Action Determination-Modell (CADM) von Klöckner und Blöbaum (2010) wurde entwickelt, um besser verstehen zu können, wie Menschen Entscheidungen über umweltrelevantes Verhalten treffen. Das CADM geht davon aus, dass individuelle umweltrelevante Verhaltensweisen direkt durch Intentionen und die Situation bzw. die wahrgenommene Verhaltenskontrolle bestimmt werden. Die Beziehung zwischen Intention und tatsächlichem Verhalten werden laut CADM durch die Stärke von Gewohnheiten und situative Prozesse moderiert. Diese Intentionen und Gewohnheiten werden wiederum von Einstellungen, sozialen Normen, persönlichen Normen und der wahrgenommenen Verhaltenskontrolle beeinflusst. Das CADM nimmt an, dass persönliche Normen durch das Bewusstsein von Konsequenzen, Zuschreibung von Verantwortung, Umweltbewusstsein, allgemeine Werte, wahrgenommene Verhaltenskontrolle und soziale Normen vorhergesagt werden. Die wahrgenommene Verhaltenskontrolle dient zudem der Aktivierung normativer und intentionaler Prozesse. Persönliche Normen sind zwar zeitlich relativ stabil, können jedoch durch situationelle Faktoren langfristig beeinflusst werden, wenn normgerechtes Verhalten nicht mehr effektiv durchführbar ist. Somit wirkt sich Verhalten ebenfalls auf Normen und folglich Gewohnheiten aus. Laut CADM werden Gewohnheiten durch wiederholt erfolgreiches Handeln in stabilen Kontexten erzeugt. Die vor Gewohnheitsbildung wichtigsten Verhaltensdeterminanten, Intention und wahrgenommene Verhaltenskontrolle, verlieren mit Stärkung der Gewohnheit immer mehr an Bedeutung. Jedoch kann bei jedem Individuum die Korrelationsstärke der verhaltensbeeinflussenden Variablen variieren, die ebenso durch die Situation und die Zeit bedingt wird.

3.1.2. metaanalytisches Strukturgleichungsmodell

Das CADM wurde in einer Metaanalyse von Klöckner (2013) mittels eines metaanalytischen Strukturgleichungsmodellierungsansatz getestet, der mit 56 verschiedenen Datensätzen auf einer Vielzahl von umweltrelevanten Verhaltensweisen basierte. Zu diesen gehörte Mobilitätsverhalten, umweltschützendes Verhalten wie Recycling oder Abfallreduktion, Energie- oder Wasserverbrauch sowie Ernährung.

Strukturgleichungsmodelle bilden multiple direkte und indirekte Abhängigkeiten und Zusammenhänge aus einer Vielzahl an Variablen ab, um zu zeigen, ob die im Modell gestellten kausalen Hypothesen anhand der erhobenen Daten bestätigt werden können (Wirtz, 2022).

Das metaanalytische Strukturgleichungsmodell des CADM bestätigte die theoretischen Annahmen des Modells. Alle Koeffizienten waren signifikant auf einem Niveau von $p < .001$. Der Modell-Fit war nach von Hu und Bentler (1999) formulierten Kriterien akzeptabel: $Chi^2 = 490,95$, df=20, $p < .001$; CFI=.965; TLI=922; SRMR=.023; RMSEA=.071[.066-.077]. Die größte Vorhersagekraft auf umweltrelevantes Verhalten zeigte die Variable Intentionen, gefolgt von der Gewohnheitsstärke und der wahrgenommenen Verhaltenskontrolle, wobei letztere ein äußerst niedriges Regressionsgewicht zeigte. 36 % der Verhaltensvarianz wurde mittels dieser drei Variablen erklärt, was im Vergleich zur erklärten Varianz anderer Studien zu spezifischerem umweltrelevantem Verhalten sehr gering ist. Dies kann jedoch als akzeptabel bewertet werden, da das CADM extra als allgemeines Modell für verschiedenste Verhaltensweisen gedacht ist. 55 % der Varianz von Intentionen wurden in absteigender Reihenfolge von Einstellungen, wahrgenommener Verhaltenskontrolle, persönlichen und sozialen Normen beeinflusst. Die Varianz der Gewohnheitsstärke wurde zu 26 % durch die Intentionen, persönliche Normen und die wahrgenommene Verhaltens-kontrolle erklärt. Persönliche Normen wurden wiederum wie im Modell angenommen durch sieben verschiedene Variablen signifikant vorhergesagt. Diese waren Bewusstsein von Konsequenzen, Verantwortungszuschreibung, Umwelt-bewusstsein, wahrgenommene Verhaltenskontrolle, soziale Normen und allgemeine Werte. Allgemeine Werte wurden hierbei in zwei Unterkategorien geteilt, da selbst-verbessernde Werte einen negativen und selbst-transzendierende Werte einen positiven Zusammenhang mit persönlichen Normen aufwiesen. Insgesamt wurden 47 % der Varianz persönlicher Normen durch diese sieben Variablen erklärt. Laut diesen Ergebnissen liegt somit keine lineare Normaktivierung (Schwartz, 1977), sondern ein unabhängiger Wirkmechanismus auf persönliche Normen vor.

Die Ergebnisse dieser Metaanalyse müssen jedoch laut Klöckner (2013) mit Vorsicht genossen werden, da die Anzahl der Studien, auf denen die einzeln gepoolten Korrelationen basieren, zwischen 1 und 36 schwankt. Des Weiteren zeigen Homogenitätstests, dass fast alle gepoolten Korrelationen nicht homogen sind, wodurch eine Abhängigkeit je nach Art des Verhaltens oder Kulturkreis vermutet wird (Klöckner, 2013).

3.2. Reduktion des innerstädtischen Verkehrs

3.2.1. Strukturgleichungsmodell bzgl. Verkehrsmittelwahl

Explizit in Bezug auf die Verkehrsmittelwahl haben Klöckner und Blöbaum (2010) ein Strukturgleichungsmodell des CADM erstellt. Hierbei zeigte sich, dass der größte Einfluss auf das Verhalten, also die Wahl des Verkehrsmittels, über Intentionen, wahrgenommene Verhaltenskontrolle und den Zugang zu einem Auto vermittelt wurden, dicht gefolgt von Autonutzungsgewohnheiten. Normen dagegen zeigten zwar einen signifikanten aber geringen Einfluss auf das Verhalten. Wobei das Bewusstsein der Konsequenzen wenigstens einen marginalen indirekten Einfluss hatte, konnte kein Zusammenhang zwischen Verantwortungszuschreibung und persönlichen Normen folglich dem Verhalten festgestellt werden.

Aus diesem spezifischen und dem allgemeinen metaanalytischen Strukturgleichungsmodell des CADM von Klöckner und Blöbaum (2010) sowie Klöckner (2013) lassen sich Schlussfolgerungen ziehen, welche Variablen insbesondere verändert werden müssen, um umweltrelevantes Verhalten wie die Nutzung von Autos im innerstädtischen Bereich effektiv beeinflussen zu können. Interventionen zur Verhaltensänderung dürfen daher nicht nur einstellungsverändernde Kampagnen beinhalten, sondern müssen zusätzlich einen Fokus auf Dehabitualisierung, Stärkung sozialer Unterstützung und Steigerung der wahrgenommenen Verhaltenskontrolle legen.

Übertragen auf die *Reduktion innerstädtischen Autoverkehrs* bedeutet dies, dass Menschen auf ihr eigenes Auto eher verzichten, wenn sie starke Absichten dazu haben, sich in der Lage fühlen, diese Intentionen auch umzusetzen oder zumindest keine gegenabsichtlichen Gewohnheiten haben, die stören könnten. Die Intention eher den Zug, Bus oder Fahrgemeinschaften statt alleine das Auto zu benutzen, können durch Veränderung der wahrgenommenen Verhaltenskontrolle, Einstellungen, persönliche und soziale Normen beeinflusst werden.

Da jedoch laut CADM die Wichtigkeit jeder verhaltensbeeinflussenden Variable zwischen Individuen variiert, sind zielgruppenspezifische Maßnahmen empfehlenswert.

3.2.2. Zielgruppe - junge Erwachsene

Laut Götz, Deffner und Klinger (2016) ist die Akzeptanzkurve für den Verzicht auf Autos als alleiniges Fortbewegungsmittel altersbezogen U-förmig, d.h. dass jüngere und ältere Menschen dahingehend leichter beeinflussbar sind. Großes Potential liegt somit bei der Gruppe der jungen Erwachsenen. Durch häufigere Jobwechseln oder durch Besuch verschiedener Universitäten bzw. Hochschulen kommt es vermehrt zum Wechsel von Wohnorten, wodurch sich noch keine allzu starken *Gewohnheiten* entwickeln können. Durch diese Kontextveränderung können neue Gewohnheiten entstehen, alte leichter beeinflusst werden und somit ein Umstieg auf nachhaltigere Verkehrsmittel gelingen (Bamberg, 2013).

Des Weiteren können monetäre Aspekte die *Intention* junger Menschen über die Variable der *wahrgenommenen Verhaltenskontrolle* stärker beeinflussen als die Intention bereits langjährig Erwerbstätiger. Die wahrgenommene Verhaltenskontrolle basiert schließlich auf den Überzeugungen, inwiefern die eigene Person über die zur Verhaltensausführung notwendigen Ressourcen, z.B. Geld und Zeit, Fertigkeiten wie Wissen und Fähigkeiten, oder Verhaltensmöglichkeiten bzw. Gelegenheiten verfügt. Insbesondere Auszubildende und Studierende verfügen meist über wenig *finanzielle Ressourcen*, wodurch monetäre Push- und Pull-Faktoren gut greifen. Push-Faktoren, d.h. weg vom eigenen Auto, wären beispielsweise die Erhöhung von Parkgebühren oder die allgemeine Verringerung des Parkangebots in Innenstädten sowie eine Pkw- oder City-Maut (Mahler & Runkel, 2016). Pull-Faktoren hin zu öffentlichen Verkehrsmitteln könnten in Form von Bus- und Bahntickets für Studierende, Auszubildende, generell günstigere Ticket-Abonnements oder sogar kostenfreier Nutzung angeboten werden. Fuji und Kitamura (2003) zeigten in ihrer Studie, dass bereits ein Monat kostenfreie Nutzung des ÖPNV zu einer Gewohnheitsunterbrechung führen kann, wonach der ÖPNV von den Studienteilnehmenden zu 20 % mehr genutzt wurde als zuvor. Dieses Angebot von *Verhaltensmöglichkeiten* außerhalb der privaten Pkw-Nutzung könnte nicht nur für ÖPNV, sondern auch für die Fortbewegung zu Fuß oder per Rad verstärkt werden. Hindernisse für den Umstieg auf das Fahrrad sollten abgebaut werden. Hierbei wird häufig eine lückenhafte Radinfrastruktur, zu lange Fahrtwege und das Fehlen sicherer Abstellmöglichkeiten angegeben (BMUB & UBA, 2017, S. 63). Des Weiteren sollten Apps gefördert werden, welche Möglichkeiten zum Carsharing, zur Vernetzung von Fahrzeugen, für Mitfahrdienste, Ridesharing, E-Roller-Nutzung usw. anbieten sowie über die aktuelle Verkehrssituation, flexible ÖPNV-Verbindungen und Mobilitäts-alternativen informieren (Heinrichs und Oostendorp, 2015).

Ein Erhöhen der Kosten für die Zulassung eines Pkws kann zudem auch zielgruppenunabhängig verhindern, dass sich überhaupt erst ein Auto angeschafft wird und somit den *Zugang zu einem Auto* erschweren.

Als eine gut zu beeinflussende Variable zeigt sich das *Bewusstsein von Verhaltenskonsequenzen*. Insbesondere bei jungen Menschen ließe sich, über Informations- und Bildungskampagnen in Schulen oder Pflichtkurse in Studium und

- Ausbildung, Wissen vermitteln über Wirkungszusammenhänge zwischen dem eigenen Handeln und den daraus resultierenden Belastungen für die Umwelt, z.B. durch Kohlenstoffdioxid-Ausstoß und Feinstaubbelastung aufgrund von Pkw-Nutzung. Dies sollte zu einer Veränderung der persönlichen Norm hin zu einer umweltfreundlicheren Norm führen.

Soziale Normen lassen sich generell schwer beeinflussen. Durch neue Gesetzesbeschlüsse könnte eine Veränderung dieser jedoch förmlich erzwungen werden, wie z.B. durch eine Pkw- bzw. City-Maut oder Fahrverbote für Verbrenner-Motoren in Innenstädte. Ob diese Mittel als gerecht eingestuft werden können, wird im folgenden Kapitel 3.2.4. genauer erläutert. Insbesondere junge Menschen lassen sich durch das von ihren Vorbildern und ihrer Peer-Gruppe gezeigte Verhalten stark in ihrer Verkehrsmittelwahl beeinflussen (Klöckner & Matthies, 2012). Vorbildfiguren wie Eltern, Großeltern und Lehrkräfte könnten mittels Informationskampagnen über Radio und Fernsehen ihrer Vorbildfunktion bewusstgemacht werden.

3.2.3. Zielgruppe - ältere Menschen

Ähnlich wie bei jungen Erwachsenen ließe sich die *wahrgenommene Verhaltens-kontrolle* mittels Pkw- oder City-Maut, einer günstigeren oder kostenfreien Nutzung des ÖPNV, dem Ausbau der Radinfrastruktur sowie Fußgängerzonen und Fußwege beeinflussen. Diese Maßnahmen bieten jedoch nur Verhaltensmöglichkeiten, können aber nicht steuern, ob ein Individuum über die Fähigkeiten verfügt, die angebotenen Alternativen auch zu nutzen. 31 % der über 80-jährigen Männer und 45 % der über 80-jährigen Frauen sind von gesundheitsbedingten Mobilitätseinschränkungen betroffen (infas, DLR, IVT Research GmbH & infas 360 GmbH., 2018, S. 99) Ein Umstieg auf ÖPNV, Rad- oder Fußverkehr ist also bei älteren Menschen nicht plötzlich zu erwarten (Holzapfel & Vorreiter, 2017). Dies könnte durch altersgerechtere Alternativangebote erleichtert werden. Besonders für den Fußverkehr sind sichere und kurze Alltagswege wichtig, da bei Straßenverkehrsunfällen überdurchschnittlich häufig ältere Menschen schwer verletzt oder sogar getötet werden. Beispielsweise waren 32 % der schwer-verletzten Fußgängerinnen und Fußgänger im Jahr 2017 älter als 65 Jahre (Statistisches Bundesamt, 2019). Also sollte eine menschengerechte Stadtentwicklung mit barrierefreier, kompakter und nutzungsgemischter Bebauungsstruktur im Fokus stehen, die kurze Wege und die Sicherheit aller Verkehrsteilnehmenden ermöglicht.

Außerdem ließe sich die Anzahl von älteren Menschen mit *Zugang zu einem Auto* einfach reduzieren. Ältere Personen besitzen eine Verzögerung bei der Informationsaufnahme und in Folge dessen verlängert sich auch die Dauer der Entscheidungs-findung. Dies gilt für grundlegende Entscheidungen sowie für spontane Handlungen (Deubel, Engeln & Köpke, 1999). Eine logische Konsequenz daraus wären Fahrtauglichkeitstests ab einem gewissen Alter z.B. ab 65 Jahren und in regelmäßigen Abständen. Dadurch könnte nicht nur die Anzahl der Fahrerlaubnis-Besitzenden, sondern auch der Unfallquellen im Straßenverkehr und das gesamte Ausmaß des Autoverkehrs verringert werden.

3.2.4. Fragen der Gerechtigkeit

Die Verkehrssituation des ÖPNV wurde laut Follmer und Gruschwitz (2019) in den deutschen Großstädten von 71 % der Befragten als gut oder sehr gut bewertet. Betrachtet man dies jedoch bundesweit, so zeigt sich ein anderes Bild: Hier bewertete mehr als die Hälfte der Befragten den ÖPNV als befriedigend oder schlecht (Follmer & Gruschwitz, 2019). Gründe waren häufige Ausfälle und Verspätungen von Bus und Bahn sowie schlecht ausgebaute Verbindungen. Die zuvor genannten Zielgruppen müssten somit zusätzlich in Bewohnende des umliegenden Landkreises und Stadtbewohnende aufgeteilt werden, da diese Menschen unterschiedlich lange Strecken bis zur Innenstadt zurücklegen müssen und dabei mehr oder weniger Möglichkeiten bei der Verkehrsmittelwahl haben.

Generell lässt sich jedoch sagen, dass alle Veränderungen, die Menschen von der Benutzung des Autos weg zwingen, wie vermehrte Fahrtauglichkeitstests bei älteren Menschen, erhöhte Anschaffungs- und Unterhaltungskosten für Pkws, gesetzliche Zwänge und Verbote, als problematisch und ungerecht zu betrachten sind, wenn im Zuge dessen keine Alternativen angeboten werden, wie für ausreichende, zuverlässige, auch für ältere Menschen gut erreichbare sowie für einkommensschwache Menschen bezahlbare Bus- und Bahnverbindungen.

Bei der Digitalisierung von Verkehrsmitteln, um sie für junge Menschen attraktiver zu gestalten, muss außerdem beachtet werden, dass ältere bzw. technisch weniger versierte Menschen nicht abgehängt werden. Fahrpläne, Fahrkarten sowie Ausleihe von E-scootern, E-Fahrrädern usw. müssen sowohl analog als auch virtuell dargeboten werden.

Literaturverzeichnis

Abbas, K., Qadir, M. I., & Anwar, S. (2019). *The Role of Melanin in Skin Cancer. Critical reviews in eukaryotic gene expression, 29*(1), 17–24. https://doi.org/10.1615/CritRevEukaryotGeneExpr.2018024980

Arefi, M. F., Rostami, F., Jahangirimehr, A. & Babaei-Pouya, A. (2021). Examining Job Satisfaction, Mental Workload, and Job Control in Midwives working in hospital. *Pakistan Journal of Medical and Health Sciences, 14*(4), 1775–1779.

Armstrong B. K. & Kricker A. (1995) *Skin cancer. DermatolClin 13*(3), 583–594.

Bakker, A. B., Demerouti, E., de Boer, E. & Schaufeli, W. B. (2003). Job demands and job resources as predictors of absence duration and frequency. *Journal of Vocational Behavior, 62*(2), 341–356. https://doi.org/10.1016/S0001-8791(02)00030-1

Bakker, A. B., Demerouti, E. & Euwema, M. C. (2005). *Job resources buffer the impact of job demands on burnout. Journal of occupational health psychology, 10*(2), 170–180. https://doi.org/10.1037/1076-8998.10.2.170

Bakker, A. B. & Demerouti, E. (2007). The Job Demands-Resources model: state of the art, *Journal of Managerial Psychology, 22*(3), 309-328. https://doi.org/10.1108/02683940710733115

Bakker, A. B., van Veldhoven, M. & Xanthopoulou, D. (2010). Beyond the Demand-Control Model. *Journal of Personnel Psychology, 9*(1), 3–16. https://doi.org/10.1027/1866-5888/a000006

Bakker, A. B. & de Vries, J. D. (2021). *Job Demands-Resources theory and self-regulation: new explanations and remedies for job burnout. Anxiety, stress, and coping, 34*(1), 1–21. https://doi.org/10.1080/10615806.2020.1797695

Bamberg, S. (2013). Applying the stage model of self-regulated behavioral change in a car use reduction intervention. *Journal of Environmental Psychology, 33*, 68-75.

BMUB & UBA (2017). *Umweltbewusstsein in Deutschland 2016. Ergebnisse einer repräsentativen Bevölkerungsumfrage.* Berlin, Dessau-Roßlau: BMUB, UBA.

Curtin, J. A., Fridlyand, J., Kageshita, T., Patel, H. N., Busam, K. J., Kutzner, H., Cho, K. H., Aiba, S., Bröcker, E. B., LeBoit, P. E., Pinkel, D., & Bastian, B. C. (2005). Distinct sets of genetic alterations in melanoma. *The New England journal of medicine, 353*(20), 2135–2147. https://doi.org/10.1056/NEJMoa050092

Demerouti, E. & Nachreiner, F. (2019). Zum Arbeitsanforderungen-Arbeitsressourcen-Modell von Burnout und Arbeitsengagement – Stand der Forschung. *Zeitschrift für Arbeitswissenschaft, 73*(2), 119–130. https://doi.org/10.1007/s41449-018-0100-4

Deubel, K., Engeln, A. & Köpke, S. (1999). Mobilität älterer Frauen und Männer. In A. Flade & M. Limbourg (Hrsg.), *Frauen und Männer in der mobilen Gesellschaft.* (S. 241-254). Wiesbaden: VS Verlag für Sozialwissenschaften. https://doi.org/10.1007/978-3-322-95149-6_16

Diepgen, T. L., & Mahler, V. (2002). The epidemiology of skin cancer. *The British journal of dermatology, 146* Suppl 61, 1–6. https://doi.org/10.1046/j.1365-2133.146.s61.2.x

Eid, M. & Mallach, N. (2009). Kritische Sonnenexposition und Sonnenschutzverhalten. In J. Bengel & M. Jerusalem (Hrsg.), *Handbuch der Gesundheitspsychologie und Medizinischen Psychologie* (S. 257-264). Göttingen: Hogrefe.

Eid, M. (2003). Sonnenschutzverhalten: Ein typologischer Ansatz. *Zeitschrift für Gesundheitspsychologie, 5,* 73-90.

El Ghissassi, F., Baan, R., Straif, K., Grosse, Y., Secretan, B., Bouvard, V., Benbrahim-Tallaa, L., Guha, N., Freeman, C., Galichet, L., Cogliano, V. & WHO International Agency for Research on Cancer Monograph Working Group (2009). A review of human carcinogens--part D: radiation. *The Lancet. Oncology, 10*(8), 751–752. https://doi.org/10.1016/s1470-2045(09)70213-x

Fargnoli, M. C., Argenziano, G., Zalaudek, I. & Peris, K. (2006). High- and low-penetrance cutaneous melanoma susceptibility genes. *Expert review of anticancer therapy, 6*(5), 657–670. https://doi.org/10.1586/14737140.6.5.657

Fears, T. R., Scotto, J. & Schneiderman, M. A. (1977). Mathematical models of age and ultraviolet effects on the incidence of skin cancer among whites in the United States. *American journal of epidemiology, 105*(5), 420–427. https://doi.org/10.1093/oxfordjournals.aje.a112400

Follmer, R. & Gruschwitz, D. (2019). *Mobilität in Deutschland – MiD Kurzreport. Ausgabe 4.0 Studie von infas, DLR, IVT und infas 360 im Auftrag des Bundesministers für Verkehr und digitale Infrastruktur (FE-Nr. 70.904/15).* Bonn, Berlin.

Fujii, S. & Kitamura, R. (2003). What Does a One Month Free Bus Ticket Do to Habitual Drivers? An Experimental Analysis of Habit and Attitude Change. *Transportation, 30,* 81-95. https://doi.org/10.1023/A:1021234607980

Garbe C. (1995). Risikofaktoren für die Entwicklung maligner Melanome und Identifikation von Risikopersonen im deutschsprachigen Raum. *Der Hautarzt; Zeitschrift für Dermatologie, Venerologie, und verwandte Gebiete, 46*(5), 309–314.

Götz, K., Deffner, J. & Klinger, T. (2016). Mobilitätsstile und Mobilitätskulturen – Erklärungspotentiale, Rezeption und Kritik. In O. Schwedes, W. Canzler & A. Knie (Hrsg.), *Handbuch Verkehrspolitik*. *Springer NachschlageWissen*. Wiesbaden: Springer VS. https://doi.org/10.1007/978-3-658-04693-4_34

Granziera, H., Collie, R. & Martin, A. (2020). Understanding Teacher Wellbeing Through Job Demands-Resources Theory. *Cultivating Teacher Resilience*, 229–244. https://doi.org/10.1007/978-981-15-5963-1

Guida, S., Guida, G. & Goding, C. R. (2022). MC1R Functions, Expression, and Implications for Targeted Therapy. *The Journal of investigative dermatology*, *142*(2), 293–302. https://doi.org/10.1016/j.jid.2021.06.018

Halbesleben, J. R. & Buckley, M. R. (2004). Burnout in Organizational Life. *Journal of Management, 30*(6), 859–879. https://doi.org/10.1016/j.jm.2004.06.004

Heinrichs, D. & Oostendorp, R. (2015). Urbane Mobilität – in Zukunft Intermodal? *ATZextra, 20*(4), S. 18–21.

Hobfoll, S. E. (2001). The Influence of Culture, Community, and the Nested-Self in the Stress Process: Advancing Conservation of Resources Theory. *Applied Psychology, 50*(3), 337–421. https://doi.org/10.1111/1464-0597.00062

Holzapfel, H. & Vorreiter, A. (2017). Planung für eine neue Mobilitätskultur und die Verkehrswende: Zukünftige Anforderungen aufgrund technischen und gesellschaftlichen Wandels. In T. D. Bracher, J. Gies, F. K. Huber, U. Reutter, K. Saary & O. Schwedes (Hrsg.), *Handbuch der kommunalen Verkehrsplanung*. *Losebl.-Ausg., 78*. Berlin, Offenbach: Wichmann.

Honda K. S. (2006). HIV and skin cancer. *Dermatologic clinics, 24*(4), 521–530. https://doi.org/10.1016/j.det.2006.06.011

Hu, L.-t. & Bentler, P. M. (1999). Cutoff criteria for fit indexes in covariance structure analysis: Conventional criteria versus new alternatives. *Structural Equation Modeling: A Multidisciplinary Journal, 6*(1), 1–55. doi: 10.1080/10705519909540118

infas, DLR, IVT Research GmbH & infas 360 GmbH (2018). *Mobilität in Deutschland. Ergebnisbericht im Auftrag des BMVI*. Bonn, Berlin, Mannheim: infas, DLR, IVT, infas 360. Zugriff am 03.02.2023. Verfügbar unter: https://bmdv.bund.de/SharedDocs/DE/Anlage/G/mid-ergebnisbericht.pdf?__blob=publicationFile ()

International Agency for Research on Cancer (2007). The association of use of sunbeds with cutaneous malignant melanoma and other skin cancers: A systematic review. *The International Agency for Research on Cancer Working Group on* artificial ultraviolet (UV) light and skin cancer. *120*(5), 1116-1122. DOI:10.1002/ijc.22453.

ISO 10075-1 (2000). *Österreichisches Normungsinstitut: Ergonomische Grundlagen bezüglich psychischer Arbeitsbelastung. Teil 1: Allgemeines und Begriffe.*

Jong, J. & Ford, M. (2021). An Exploration of the Relationship Between Autonomy Congruence, Perceived Supervisor Individualized Consideration, and Employee Outcomes. *Review of Public Personnel Administration, 41*(3), 566–592.

Karasek, R. A. & Theorell, T. (1990). *Healthy Work: Stress, Productivity, and the Reconstruction of Working Life.*

Kartal, N. (2018). Evaluating the relationship between work engagement, work alienation and work performance of healthcare professionals. *Topics on Managing Healthcare Professionals, 11*(3), 251–259.

Keesling, B. & Friedman, H. S. (1987). Psychosocial factors in sunbathing and sunscreen use. *Health psychology: Official journal of the Division of Health Psychology, American Psychological Association, 6*(5), 477–493.

Klöckner, C. A. (2013). A comprehensive model of the psychology of environmental behaviour—A meta-analysis. *Global Environmental Change, 23*(5), 1028–1038. https://doi.org/10.1016/j.gloenvcha.2013.05.014

Klöckner, C. A. & Blöbaum, A. (2010). A comprehensive action determination model: Toward a broader understanding of ecological behaviour using the example of travel mode choice. *Journal of Environmental Psychology, 30*(4), 574–586. https://doi.org/10.1016/j.jenvp.2010.03.001

Klöckner, C. A. & Matthies, E. (2012). Two Pieces of the Same Puzzle? Script-Based Car Choice Habits Between the Influence of Socialization and Past Behavior. *Journal of Applied Social Psychology, 42*, 793-821.

Knoll, N., Scholz, U. & Rieckmann, N. (2017). *Einführung Gesundheitspsychologie. Mit 5 Tabellen und 52 Fragen zum Lernstoff.* (4. Aufl.). München, Basel, Stuttgart: Ernst Reinhardt Verlag.

Kuhl, J. (1996). Wille und Freiheitserleben: Formen der Selbststeuerung. In J. Kuhl & H. Heckhausen (Hrsg.), *Enzyklopädie der Psychologie: Motivation, Volition und Handlung* (S. 665-765). Göttingen: Hogrefe.

Lee, W. R., Choi, S. B. & Kang, S.-W. (2021). How Leaders' Positive Feedback Influences Employees' Innovative Behavior: The Mediating Role of Voice Behavior and Job Autonomy. *Sustainability, 13*(4), 1901. https://doi.org/10.3390/su13041901

Lippke, S. & Renneberg, B. (2006). Theorien und Modelle des Gesundheitsverhaltens. In B. Renneberg & P. Hammelstein (Hrsg.). *Gesundheitspsychologie. Springer-*

Lehrbuch. (S. 35-60). Berlin, Heidelberg: Springer. https://doi.org/10.1007/978-3-540-47632-0_5

Mahler, A. & Runkel, M. (2016). *Eine intelligente Straßenmaut - effizient und nachhaltig.* FÖS-Thesenpapier 10/2016. Berlin: Forum Ökologisch-Soziale Marktwirtschaft. Zugriff am 03.02.2023. Verfügbar unter: http://www.foes.de/pdf/2016-10-Themenpapier-Roadpricing.pdf

Mampel, U. & Franke, B. (1990). *Gesundheitsschäden durch ultraviolette Strahlung. Literturstudie im Auftrag des Niedersächsischen Sozialministeriums (ifeu-Bericht, 56).* Heidelberg: Institut für Energie- und Umweltforschung.

Marçon, C. R. & Maia, M. (2019). Albinism: epidemiology, genetics, cutaneous characterization, psychosocial factors. *Anais brasileiros de dermatologia, 94*(5), 503–520. https://doi.org/10.1016/j.abd.2019.09.023

Miller, S. J. (1995). *Etiology andpathogenesis of basal cell carcinoma.ClinDermatol 13*(6), 527–536

Reuter, T. & Schwarzer, R. (2009). Verhalten und Gesundheit. In J. Bengel & M. Jerusalem (Hrsg.), *Handbuch der Gesundheitspsychologie und medizinischen Psychologie, 12*, (S. 34-45). Göttingen: Hogrefe.

Rinnerthaler, M. (2018). Hautalterung. In M. Schimke & G. Lepperdinger (Hrsg.) *Gesund altern.* Wiesbaden: Springer VS. https://doi.org/10.1007/978-3-658-19973-9_8

Rossi, J. S., Blais, L. M. & Weinstock, M. A. (1994). The Rhode Island Sun Smart Project: Skin cancer prevention reaches the beaches. *American Journal of Public Health, 84*(4), 672–674.

Schmidt, F. (2017). Job Demands-Resources Modell. In *Burnout und Arbeitsengagement bei Hochschullehrenden. Economics Education und Human Resource Management.* Wiesbaden: Springer. https://doi.org/10.1007/978-3-658-18882-5_2

Schmitt, J., Seidler, A., Diepgen, T. L. & Bauer, A. (2011). Occupational ultraviolet light exposure increases the risk for the development of cutaneous squamous cell carcinoma: a systematic review and meta-analysis. *The British journal of dermatology, 164*(2), 291–307.

Schneider, S., Görig, T., Schilling, L., Breitbart, E. W., Greinert, R. & Diehl, K. (2017). German "National Cancer Aid Monitoring" 2015-2019 - study protocol and initial results. *Journal of the German Society of Dermatology, 15*(9), 895–903.

Schwartz, S. H. (1977). Normative influences on altruism. In L. Berkowitz (Hrsg.), *Advances in Experimental Social Psychology, 10* (S. 221–279). Burlington: Elsevier.

Schwarzer, R. (1992). Self-efficacy in the adoption and maintenance of health behaviors: Theoretical approaches and a new model. In R. Schwarzer (Ed.), *Self-efficacy: Thought control of action* (S. 217–243). Hemisphere Publishing Corp.

Schwarzer, R. (2004). *Psychologie des Gesundheitsverhaltens. Einführung in die Gesundheitspsychologie* (3. Aufl.). Göttingen: Hogrefe.

Skaalvik, E. M. & Skaalvik, S. (2018). Job demands and job resources as predictors of teacher motivation and well-being. *Social Psychology of Education, 21*(5), 1251–1275. https://doi.org/10.1007/s11218-018-9464-8

Statistisches Bundesamt (2019). *Verkehr. Verkehrsunfälle 2018. Stand: 09. Juli 2019.* Wiesbaden: Statistisches Bundesamt. Zugriff am 03.02.2023. Verfügbar unter: https://www.destatis.de/DE/Themen/Gesellschaft-Umwelt/Verkehrsunfaelle/Publikationen/Downloads-Verkehrsunfaelle/verkehrsunfaelle-jahr-2080700187004.pdf?__blob=publicationFile

Tao, L., Jiang, R., Zhang, K., Qian, Z., Chen, P., Lv, Y. & Yao, Y. (2020). Light therapy in non-seasonal depression: An update meta-analysis. *Psychiatry research, 291,* 113-247. https://doi.org/10.1016/j.psychres.2020.113247

Terhorst, D., Drecoll, U., Stockfleth, E. & Ulrich, C. (2009). Organ transplant recipients and skin cancer: assessment of risk factors with focus on sun exposure. *The British journal of dermatology, 161*(3), 85–89. https://doi.org/10.1111/j.1365-2133.2009.09454.x

Tims, M., Bakker, A. B. & Derks, D. (2015). Job crafting and job performance: A longitudinal study. *European Journal of Work and Organizational Psychology, 24*(6), 914-928.

Udayakumar, D., Mahato, B., Gabree, M. & Tsao, H. (2010). Genetic determinants of cutaneous melanoma predisposition. *Seminars in cutaneous medicine and surgery, 29*(3), 190–195. https://doi.org/10.1016/j.sder.2010.06.002

van der Rhee, H. J., de Vries, E. & Coebergh, J. W. (2007). Gunstige en ongunstige effecten van zonlichtexpositie [Favourable and unfavourable effects of exposure to sunlight]. *Nederlands tijdschrift voor geneeskunde, 151*(2), 118–122.

van Steeg, H. & Kraemer, K. H. (1999). Xeroderma pigmentosum and the role of UV-induced DNA damage in skin cancer. *Molecular medicine today, 5*(2), 86–94. https://doi.org/10.1016/s1357-4310(98)01394-x

Wang, H. & Lei, L. (2021). Proactive personality and job satisfaction: Social support and Hope as mediators. *Current Psychology,* 1–10. https://doi.org/10.1007/s12144-021-01379-2

Wirtz, M. (2022). Strukturgleichungsmodelle. In M. A. Wirtz (Hrsg.), *Dorsch Lexikon der Psychologie.* Bern: Hogrefe. Zugriff am 03.02.2023. Verfügbar unter: https://dorsch.hogrefe.com/stichwort/strukturgleichungsmodelle

Wood, J., Oh, J., Park, J. & Kim, W. (2020). The Relationship Between Work Engagement and Work–Life Balance in Organizations: A Review of the Empirical Research. *Human Resource Development Review,* *19*(3), 240–262. https://doi.org/10.1177/1534484320917560

World Health Organization & International Agency for Research on Cancer (1992). Solar and ultraviolet radiation. *IARC monographs on the evaluation of carcinogenic risks to humans, 55*

Zanetti, R., Rosso, S., Martinez, C., Navarro, C., Schraub, S., Sancho-Garnier, H., Franceschi, S., Gafà, L., Perea, E., Tormo, M. J., Laurent, R., Schrameck, C., Cristofolini, M., Tumino, R. & Wechsler, J. (1996). The multicentre south European study 'Helios'. I: Skin characteristics and sunburns in basal cell and squamous cell carcinomas of the skin. *British journal of cancer, 73*(11), 1440–1446. https://doi.org/10.1038/bjc.1996.274

BEI GRIN MACHT SICH IHR WISSEN BEZAHLT

- Wir veröffentlichen Ihre Hausarbeit,
  Bachelor- und Masterarbeit

- Ihr eigenes eBook und Buch -
  weltweit in allen wichtigen Shops

- Verdienen Sie an jedem Verkauf

Jetzt bei www.GRIN.com hochladen
und kostenlos publizieren